En la época de...

Pocahontas
y las
primeras colonias

Heinemann Library
Chicago, Illinois

Customer Service **888-454-2279**

Visit our website at **www.heinemannlibrary.com**

Designed by Kimberly R. Miracle and Betsy Wernert.
Translation into Spanish produced by DoubleO Publishing Services
Printed in China by South China Printing.

11 10 09 08
10 9 8 7 6 5 4 3 2 1

ISBN 13: 978-1-4329-0585-9 (hb)   978-1-4329-0593-4 (pb)
ISBN 10: 1-4329-0585-6 (hb)   1-4329-0593-7 (pb)

Library of Congress Cataloging-in-Publication Data
Trumbauer, Lisa, 1963-
  [Pocahontas and the early colonies. Spanish]
  Pocahontas y las primeras colonias / [Lisa Trumbauer].
     p. cm. -- (En la época de)
  ISBN-13: 978-1-4329-0585-9 (hb)
  ISBN-13: 978-1-4329-0593-4 (pb)
 1. Pocahontas, d. 1617--Juvenile literature. 2. Powhatan women--Biography--Juvenile literature. 3. Powhatan Indians-
-History. 4. Jamestown (Va.)--History--Juvenile literature. 5. Virginia--History--Colonial period, ca. 1600-1775--Juvenile
literature. I. Title.
  E99.P85P68718 2007
  975.5'01092--dc22
  [B]
                                    2007040239

Acknowledgments
The author and publishers are grateful to the following for permission to reproduce copyright material: **p. 5** The Bridgeman Art Library/Private Collection/Ken Welsh, **p. 7** The British Library, **p. 8** Getty Images/MPI, **p. 9** Corbis, **p. 10** Corbis/Christie's Images, **p. 12** Corbis/Bettman, **p. 13** Getty Images/Stock Montage, **p. 14** Getty Images/Photographer's Choice, **p. 15** Corbis/David Muench, **p. 16** Getty Images/MPI, **p. 17** Corbis/Bettman, **p. 18** North Wind Picture Archives/North Wind, **p. 19** Scala London/Art Resource/New York Public Library, **p. 20** Corbis/zefa/Helmut Meyer zur Capellen, **p. 21** Getty Images/MPI, **p. 22** Getty Images/MPI, **p. 23** North Wind Picture Archives/North Wind, **p. 24** Getty Images/MPI, **p. 25** The Bridgeman Art Library/Private Collection, **p. 26** The Bridgeman Art Library/Peabody Essex Museum, Salem, Massachusetts, USA, **p. 27** The Art Archive/Culver Pictures.

Map illustrations on page 4, 6, and 11 by Mapping Specialists, Ltd.

Cover photograph of engraving of Pocahontas reproduced with permission of Corbis. Cover photograph of the founding of the colony of Jamestown reproduced with permission of The Bridgeman Art Library/Private Collection.

Every effort has been made to contact copyright holders of any material reproduced in this book. Any omissions will be rectified in subsequent printings if notice is given to the publisher.

Contenido

Algunas palabras aparecen en negrita, **como éstas**. Puedes averiguar su significado consultando el glosario.

Conoce a Pocahontas

Pocahontas fue una princesa indígena norteamericana. Los indígenas norteamericanos son las primeras personas que vivieron en **América del Norte**. El padre de Pocahontas fue un jefe indígena norteamericano llamado Powhatan. Pocahontas y su padre vivían con otros miembros de la **tribu** powhatan.

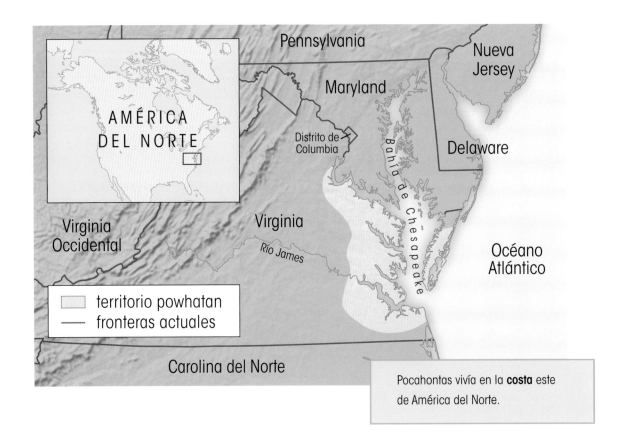

AMÉRICA DEL NORTE

Pennsylvania

Nueva Jersey

Maryland

Distrito de Columbia

Bahía de Chesapeake

Delaware

Virginia Occidental

Virginia

Río James

Océano Atlántico

▨ territorio powhatan
— fronteras actuales

Carolina del Norte

Pocahontas vivía en la **costa** este de América del Norte.

Pocahontas tenía 11 años cuando llegó gente de Inglaterra en 1607.

El nombre verdadero de Pocahontas era Matoaka. Pocahontas era su apodo. Significa "juguetona" o "pequeña traviesa". Pocahontas nació alrededor de 1596. En 1607, su vida cambió cuando gente de Inglaterra llegó a América del Norte.

Antes de los Estados Unidos

EE. UU.

CANADÁ

AMÉRICA DEL NORTE

ESTADOS UNIDOS

MÉXICO

Océano Atlántico

Océano Pacífico

AMÉRICA DEL SUR

En América del Norte y América del Sur vivían millones de indígenas americanos.

Los Estados Unidos es el nombre de un país en el **continente** de **América del Norte**. Un continente es una gran extensión de tierra. América del Norte tiene tres grandes países: Canadá, Estados Unidos y México.

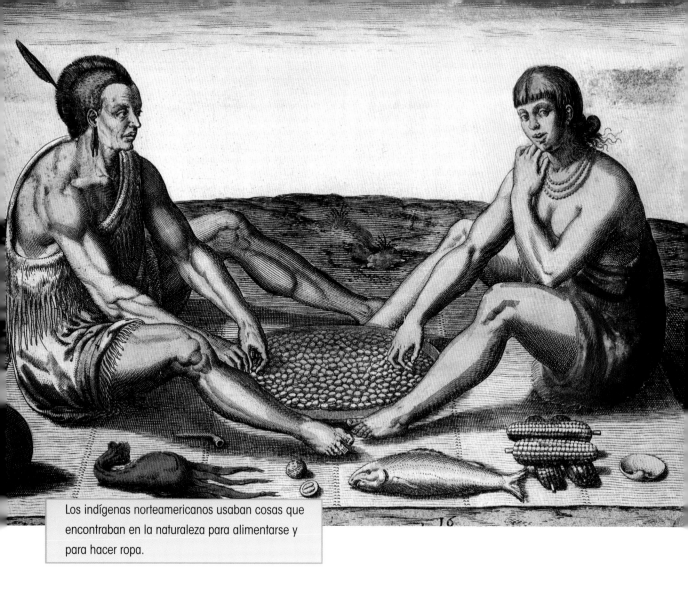

Los indígenas norteamericanos usaban cosas que encontraban en la naturaleza para alimentarse y para hacer ropa.

Pocahontas había nacido antes de que los Estados Unidos existieran. Los indígenas norteamericanos vivían en sus propios grupos (también llamados tribus o naciones). Seguían sus propias **tradiciones**. Habían vivido de esta manera durante cientos de años.

Llegar en barco

Los europeos son personas que viven en Europa, un **continente** formado por muchos países. Los europeos comenzaron a llegar a América antes de que Pocahontas naciera. Navegaban hasta América atravesando el océano Atlántico.

Los europeos llegaron a América en 1492.

Inglaterra es una isla que queda en Europa. En diciembre de 1606, tres barcos partieron de Inglaterra rumbo a América. Los barcos llegaron a América en abril de 1607 con 100 hombres y niños.

Los tres barcos que zarparon hacia América eran el *Discovery*, el *Godspeed* y el *Susan Constant*.

La colonia de Jamestown

James I era el rey de Inglaterra en 1607.

Los barcos no se detuvieron en la **costa**. Continuaron navegando por un río que los llevó tierra adentro. A este río, que Pocahontas y su gente llamaban río Powhatan, los **colonos** ingleses lo llamaron río James.

Los barcos avanzaron río arriba durante tres semanas. Se detuvieron en mayo, cuando hallaron un lugar donde construir su **asentamiento**. A este asentamiento le llamaron Jamestown, en honor a su rey.

Pennsylvania

Nueva Jersey

Maryland

AMÉRICA DEL NORTE

Distrito de Columbia

Bahía de Chesapeake

Delaware

Virginia Occidental

Virginia

Río James

Océano Atlántico

colonia de Jamestown

☐ territorio powhatan
— fronteras actuales

Carolina del Norte

Los colonos ingleses vivían en lo que ahora es el estado de Virginia.

Construir refugios

El primer refugio se llamó
fuerte James.

Una de las primeras cosas que los **colonos** tenían que hacer
era construir un **refugio**. El refugio los **protegería** del mal
tiempo y también de los indígenas norteamericanos.

Construir el refugio no fue fácil. Muchos de los hombres de Jamestown eran **adinerados** y, en Inglaterra, el trabajo duro lo hacían sus sirvientes en lugar de ellos. Un colono llamado John Smith ordenó a los colonos construir el **fuerte** James.

John Smith se convirtió en el líder del fuerte James.

Encontrar alimento

Los **colonos** de Jamestown también necesitaban alimento. Habían planeado plantar **cultivos** para la primavera, pero ahora era demasiado tarde. En otoño, los cultivos todavía no estarían maduros, y el frío invierno los estropearía.

Muchos alimentos, como el maíz y la calabaza, se cosechan en otoño.

El río James era un buen sitio para encontrar alimento.

Los bosques y el río cerca de Jamestown estaban llenos de animales y plantas. Los colonos de Jamestown no eran buenos cazadores, no sabían pescar, ni tampoco sabían qué plantas del bosque eran comestibles.

Comerciar con los powhatan

Los **colonos** de Jamestown estaban hambrientos. John Smith pidió ayuda a los indígenas norteamericanos y comerció con ellos. Les dio herramientas y ellos le dieron comida.

Los colonos comerciaron con los indígenas norteamericanos.

Pocahontas y John Smith se hicieron amigos.

Pocahontas visitaba a menudo el **fuerte** James. Llevaba mensajes de parte de su padre. También llevaba comida con la que comerciar. A los colonos les gustaba Pocahontas y no le tenían miedo.

Una vida dura

La vida en Jamestown no era fácil. El agua de los alrededores no se podía beber. Esta agua hizo que los hombres y niños se enfermaran, y que muchos de ellos murieran.

Hacia el final del verano de 1607, muchos de los colonos habían muerto por enfermedad.

Los **ataques** por parte de los indígenas norteamericanos también provocaron la muerte de algunos colonos. Los indígenas norteamericanos les temían a los colonos. Temían que éstos les quitaran sus tierras. No les gustaba que los colonos vivieran allí.

Los colonos vivían donde antes los indígenas norteamericanos habían vivido, cazado y pescado.

Otro peligro: ¡fuego!

El fuego necesita combustible, como la madera, para poder arder.

El fuego era importante para los **colonos**. Lo necesitaban para cocinar y mantenerse calientes durante el frío invierno. El fuego también iluminaba el interior de sus construcciones.

El incendio de Jamestown destruyó la mayoría de las construcciones.

En enero de 1608, un enorme incendio se propagó por el **fuerte** James. Casi todas las construcciones se quemaron por completo. Los colonos tuvieron que volver a construir sus **refugios**. Era invierno y no era el mejor momento para comenzar a construir.

Llegan más colonos

En enero de 1608, justo antes del incendio, llegó otro barco de Inglaterra. Llegaron más **colonos** a Jamestown. Trajeron consigo los suministros y alimentos que tanto se necesitaban. Gracias a esto, los colonos **sobrevivieron** durante el invierno.

En el segundo grupo de colonos había dos mujeres.

Jamestown se hizo cada vez más grande.

Vivir en Jamestown todavía no era fácil. Esto no impidió que el **asentamiento** siguiera creciendo. En 1609, llegaron más barcos. Los barcos trajeron más suministros y más colonos.

Los colonos y los indígenas norteamericanos

Jamestown fue el primer **asentamiento** en la **colonia** inglesa de Virginia. Los colonos, quienes eran los que vivían en la colonia, y los indígenas norteamericanos no siempre se llevaban bien.

En ocasiones, los colonos y los indígenas norteamericanos luchaban unos contra otros.

Los colonos y los indígenas norteamericanos intentaron aprender los unos de los otros.

Incluso así, los indígenas norteamericanos ayudaron a los colonos. Les enseñaron a plantar y **cosechar** maíz, y a preparar trampas para peces. Además, comerciaron con los colonos.

Se construyen más colonias

Los colonos del *Mayflower* se asentaron en Plymouth, Massachusetts, en 1620.

Jamestown fue la primera **colonia** inglesa, pero no sería la última. Mucha gente en Inglaterra quería ir a América y, a su vez, Inglaterra quería tener más colonias en América.

Fueron tiempos difíciles para Pocahontas y los indígenas norteamericanos. Los ingleses les quitaban cada vez más tierras. Los ingleses construyeron **colonias** a lo largo de toda la **costa** este de América. Los ingleses acabaron fundando 13 colonias en total.

Los **colonos** ingleses y los indígenas norteamericanos intentaron compartir la tierra.

La vida en aquella época

Si hubieras vivido en la época de Pocahontas…

- Habrías tenido que construir tu propia casa sin ayuda de máquinas.

- No habrías tenido tractores que te ayudaran a plantar **cultivos**.

- No habrías tenido refrigeradora para conservar tu comida fresca.

- Habrías tenido que encontrar formas de mantenerte caliente durante el invierno, porque tu casa no tendría calefacción.

- No habrías tenido la medicina moderna que te ayudara cuando te enfermaras.

Línea cronológica

1492	Los europeos llegan a América.
Cerca de 1596	Nace Pocahontas.
1606	Tres barcos parten de Inglaterra rumbo a América.
1607	Los tres barcos llegan a la **colonia** de Virginia. Construyen el **fuerte** James, que se convertirá en Jamestown.
1608	Llegan más barcos desde Inglaterra; un incendio destruye Jamestown casi por completo.
1609	Llegan más barcos desde Inglaterra.
1617	Muere Pocahontas.
1620	El *Mayflower* llega a Plymouth, Massachusetts.

Recursos adicionales

Libros

Polette, Nancy. *Pocahontas*. New York: Children's Press, 2003.

Ruffin, Fraces E. *Jamestown*. Milwaukee, WI: Gareth Stevens, 2006.

Williams, Suzanne Morgan. *Powhatan Indians*. Chicago: Heinemann Library, 2003.

Zemlicka, Shannon. *Pocahontas*. Minneapolis, MN: Lerner, 2002.

Sitios web en ingles

Library of Congress Kids – Amazing Americans
http://www.americaslibrary.gov/cgi-bin/page.cgi/aa/all/pocahonta

Library of Congress Kids – Colonial America
http://www.americaslibrary.gov/cgi-bin/page.cgi/jb/colonial

Glosario

adinerado que tiene mucho dinero

América del Norte uno de los siete continentes del mundo

asentamiento lugar donde un grupo de personas funda su hogar

atacar intentar hacer daño a alguien luchando

colonia lugar donde se ha asentado gente de otro país

colono persona que funda su hogar en un nuevo lugar

continente una de las siete enormes extensiones de tierra del mundo

cosechar recoger cultivos

costa tierra al lado del mar

cultivo planta que se siembra y se cosecha como alimento o para otros usos

fuerte edificio resistente, construido para proteger a la gente de los ataques

proteger mantener a salvo de los peligros

refugio lugar donde estar a salvo del mal tiempo

sobrevivir mantenerse vivo

tradición costumbres y creencias que se transmiten de padres a hijos

tribu grupo de personas que viven en el mismo lugar y comparten las mismas tradiciones

Índice